A liberdade

A liberdade

Alexandre de Oliveira Torres Carrasco

FILOSOFIAS: O PRAZER DO PENSAR
Coleção dirigida por
Marilena Chaui e Juvenal Savian Filho

wmf martinsfontes

São Paulo 2019

*Copyright © 2011, Editora WMF Martins Fontes Ltda.,
São Paulo, para a presente edição.*

1ª edição 2011
2ª tiragem 2019

Acompanhamento editorial
Helena Guimarães Bittencourt
Revisões gráficas
Letícia Braun
Maria Fernanda Alvares
Edição de arte
Katia Harumi Terasaka
Produção gráfica
Geraldo Alves
Paginação
Moacir Katsumi Matsusaki

Dados Internacionais de Catalogação na Publicação (CIP)
(Câmara Brasileira do Livro, SP, Brasil)

Carrasco, Alexandre de Oliveira Torres
A liberdade / Alexandre de Oliveira Torres Carrasco. – São Paulo : Editora WMF Martins Fontes, 2011. – (Filosofias : o prazer do pensar / dirigida por Marilena Chaui e Juvenal Savian Filho)

ISBN 978-85-7827-379-8

1. Liberdade I. Chaui, Marilena. II. Savian Filho, Juvenal. III. Título. IV. Série.

11-01006 CDD-123.5

Índices para catálogo sistemático:
1. Consciência da liberdade : Filosofia   123.5

Todos os direitos desta edição reservados à
Editora WMF Martins Fontes Ltda.
Rua Prof. Laerte Ramos de Carvalho, 133 01325-030 São Paulo SP Brasil
Tel. (11) 3293.8150 e-mail: info@wmfmartinsfontes.com.br
http://www.wmfmartinsfontes.com.br

SUMÁRIO

Apresentação • 7
Introdução • 9

1 As paixões como o oposto à natureza: a liberdade segundo os estoicos • 20
2 Liberdade por entre as paixões: a experiência segundo Montaigne • 25
3 Liberdade contra a natureza: o pensamento de Jean-Paul Sartre • 32
4 Liberdade e natureza: a experiência da ambiguidade em Merleau-Ponty • 42
5 Conclusão • 52

Ouvindo os textos • 55
Exercitando a reflexão • 63
Dicas de viagem • 69
Leituras recomendadas • 72

APRESENTAÇÃO
Marilena Chaui e Juvenal Savian Filho

O exercício do pensamento é algo muito prazeroso, e é com essa convicção que convidamos você a viajar conosco pelas reflexões de cada um dos volumes da coleção *Filosofias: o prazer do pensar*.

Atualmente, fala-se sempre que os exercícios físicos dão muito prazer. Quando o corpo está bem treinado, ele não apenas se sente bem com os exercícios, mas tem necessidade de continuar a repeti-los sempre. Nossa experiência é a mesma com o pensamento: uma vez habituados a refletir, nossa mente tem prazer em exercitar-se e quer expandir-se sempre mais. E com a vantagem de que o pensamento não é apenas uma atividade mental, mas envolve também o corpo. É o ser humano inteiro que reflete e tem o prazer do pensamento!

Essa é a experiência que desejamos partilhar com nossos leitores. Cada um dos volumes desta coleção foi concebido para auxiliá-lo a exercitar o seu pensar. Os temas foram cuidadosamente selecionados para abordar os tópicos mais importantes da reflexão filosófica atual, sempre conectados com a história do pensamento.

Assim, a coleção destina-se tanto àqueles que desejam iniciar-se nos caminhos das diferentes filosofias como àqueles que já estão habituados a eles e querem continuar o exercício da reflexão. E falamos de "filosofias", no plural, pois não há apenas uma forma de pensamento. Pelo contrário, há um caleidoscópio de cores filosóficas muito diferentes e intensas.

Ao mesmo tempo, esses volumes são também um material rico para o uso de professores e estudantes de Filosofia, pois estão inteiramente de acordo com as orientações curriculares do Ministério da Educação para o Ensino Médio e com as expectativas dos cursos básicos de Filosofia para as faculdades brasileiras. Os autores são especialistas reconhecidos em suas áreas, criativos e perspicazes, inteiramente preparados para os objetivos dessa viagem pelo país multifacetado das filosofias.

Seja bem-vindo e boa viagem!

INTRODUÇÃO
Liberdade e experiência da liberdade

De todos os modos que podemos "nos pôr em questão", isto é, colocarmo-nos como um problema e não apenas colocarmo-nos um problema, perguntarmos, enfim, o que somos, talvez a pergunta pela liberdade traduza um máximo de complicação.

Nela, como em quase nenhuma outra questão desta natureza, há um profundo desajuste entre aquele que pergunta por algo e o alcance daquilo sobre o que se pergunta. Para melhor entender essa particularidade, poderíamos, desta vez, perguntar, a título de exemplo, o que é um triângulo retângulo e já notar a brutal diferença de questão: agora, temos uma clara separação entre o enunciador da questão, eu mesmo ou qualquer um interessado em geometria, e aquilo sobre o que se pergunta, um triângulo retângulo. O que dá a definição estrita do triângulo retângulo, o que nos responde a nossa questão sobre o triângulo retângulo, para simplificarmos, é a geometria, com suas leis e seu método próprio, e não um eu qualquer, isto é, o que eu posso ingenuamente achar que é um triângulo retângulo, a despeito da geometria. Resumindo: não sou eu quem define o triângulo, como se sua definição dependesse exclusivamente de minha vontade no sentido de que não *sai* de mim a definição do triângulo, mesmo que eu saiba como defini-lo por ter estudado geometria. Enfim, se saber o que é um triângulo retângulo não parece ser suficiente para me pôr em questão, assim parece ser porque saber o que é um triângulo retângulo não exige que eu saiba quem sou "realmente" para responder à questão.

O que ocorre no caso da liberdade? Quando nos perguntamos pela liberdade, temos a impressão de nos perguntarmos por nós mesmos, o que significa que a resposta à questão (se houver) deve partir, sobretudo, de nós, sob pena de, em caso contrário, não respondermos à pergunta capital, não alcançarmos o problema principal: afinal, somos livres?

Como ocorre com o tempo, que conhecemos sem exatamente o conhecer (conforme a descrição de Santo Agostinho – 354-430), a liberdade também está de tal modo confundida em nossa experiência cotidiana e imediata, na experiência intuitiva de nós mesmos, que não nos furtamos a continuamente invocar seu nome, protestar contra sua falta ou afirmar suas potências nas mais diversas situações. Em todas as ordens da experiência humana, há e sempre pode haver mais ou menos liberdade, de ação, de opinião, de discurso e mesmo de "liberdade". Isso nos permite falar de "liberdade" no futebol – "o lateral jogou com muita liberdade" –, na política – "votar em tal candidato é um ato de liberdade" –, na religião – "os fiéis aceitam livremente os dogmas de tal igreja" –, sem nenhum absurdo.

Deixando um pouco de lado como cada "liberdade", o termo e talvez o conceito, possa estar em tantos discursos distintos, por hora nos interessa notar como o termo de fato está, de modo difuso, em todos esses discursos, com maior ou menor clareza, mas nunca de maneira incompreensível.

Este passa a ser o nosso ponto de partida: os usos da "liberdade", dissipados e difusos por nossa experiência, estão de tal modo imbricados em nós, que a pergunta pela liberdade é sempre igualmente uma pergunta sobre nós. O problema da liberdade passa, enfim, pelo problema de nós mesmos e, se esta fórmula parece um pouco abstrata, podemos reformulá-la nos seguintes termos: só faz sentido falar de liberdade se falarmos de uma liberdade que possa ser nossa liberdade. À sua maneira, a tradição filosófica também compreendeu o problema da liberdade nesses termos.

1. Uma primeira tentativa filosófica

Antes, porém, de nos localizarmos na tradição filosófica, exploremos um pouco mais os termos do problema. Poderíamos, então, recomeçar nos explicando melhor: a pergunta pela liberdade atinge a quase totalidade de nossa experiência comum e por isso perguntar pela liberdade é perguntar por nós mesmos. A todo instante invocamos a liberdade ou protestamos por sua falta e parece-nos que não há como perguntar pela liberdade sem que perguntemos por nós mesmos, em virtude da nossa insistência em nos definirmos pela liberdade, seja por sua presença, seja por sua ausência.

Pois, se nos julgamos livres, se a liberdade é um atributo nosso, queremos saber qual a natureza desse atributo – e isso também é ser livre, liberdade de saber de que se trata essa liberdade. Se não somos livres, se não nos julgamos livres ou quando nos julgamos impedidos de ser livres (também falamos nesses termos), somos como que levados a reivindicar imediatamente, peremptoriamente a liberdade como algo que é nosso e nos foi usurpado.

Parece que até este momento não ultrapassamos o discurso do senso comum, isto é, não fizemos mais do que repertoriar o que usualmente se fala sobre a liberdade: que o professor "dá pouca liberdade para a turma", que meu chefe "não me dá liberdade para sugestões", que "já sou crescido e merecia mais liberdade de meus pais" etc. Diante dessa aparente alternativa que extraímos sem muita crítica do senso comum, poderíamos tentar uma primeira tradução filosófica do problema: a de saber como algo (um atributo, uma qualidade, uma característica nossa) que nos pertence, já que de algum modo nos define, pode escapar-nos, pode deixar de ser em nós; e como, isso sucedendo, poderíamos ainda reivindicá-lo nosso, se justamente passa a ser expresso como algo que não possuímos. Explicando melhor: a liberdade parece ser tão própria de nós que, se temos a experiência de a possuir, dado o caráter imediato dessa experiência, de estarmos tão confundidos nela, não conseguimos defini-la.

Por outro lado, se temos a experiência de sua alienação, de sua perda ou usurpação, sentimo-nos de tal modo atingidos que a reivindicamos, a exigimos imediatamente como algo que não pode ser tirado de nós. A razão disso, se não é simples, é mais ou menos intuída pela nossa experiência comum: em torno da liberdade nossa vida prática se mobiliza permanentemente. Tudo o que entendemos por "fazer" acaba por se definir pela liberdade, por sua presença ou sua ausência. Mas algo paradoxal permanece e pode ser descrito nos seguintes termos: se me sinto livre, esse sentimento muito íntimo e vivo me dá a certeza de poder fazer o que quero. "Fazer o que quero", porém, não é suficiente para definir-me a liberdade: neste caso a liberdade seria tão somente a ausência de qualquer constrangimento exterior para minhas ações e não um valor que eu atribuo a essas mesmas ações. Uma máquina poderosa poderia superar uma quantidade muito maior de constrangimentos materiais e ainda assim dificilmente poderíamos dizer dela que é livre. O que fazemos de nós fazemos por meio da liberdade e, sem entrar na verdade da afirmação, sem afirmar cabalmente que somos livres, podemos dizer que nos reconhecemos pela liberdade. Isso nos dá a impressão de que a liberdade está em nós e não, simplesmente, no que realizamos por meio dela.

Se falar sobre a liberdade quase inevitavelmente nos leva à pergunta de todas as perguntas: o que é liberdade?, somos quase obrigados a reconhecer que perguntar pela liberdade é perguntar tanto pelo que somos quanto pelo que podemos e qual relação há entre ser e poder ser. Entre um e outro está o que é a liberdade. E assim voltamos ao nosso ponto de partida.

2. Liberdade e natureza

A partir das considerações acima, podemos entender melhor o sentido confuso que o senso comum ou o discurso do senso comum assume sem se dar conta sobre a liberdade ou de como a experiência da liberdade, por estar entre o que somos e o que podemos ser, sugere tal confusão. E confusão aqui não significa uma falta de atenção pura e simplesmente, como se confusão fosse uma barreira psicológica (como o cansaço ou mesmo o sono) para a compreensão da liberdade. Significa, sim, como a experiência da liberdade se dá, qual sua especificidade. A confusão, então, parece-nos decorrer do caráter transitivo e mesmo transitório da experiência da liberdade: somos livres, ao que parece, mas nunca definitivamente livres; nossa liberdade está sempre em risco e parece próprio da experiência da liberdade permanecer irresoluta, e quando estamos livres, quando exercemos nossa liberdade, e fazemos "tudo" o que nossa liberdade permite, parece-nos, por sua vez, que a experiência pontual que temos da liberdade traduz todo nosso ser, e, mais uma vez, temos a impressão, afinal, de que somos definitivamente livres.

No primeiro caso, a afirmação da liberdade como sensação íntima – todos nós consideramos que a liberdade nos concerne profundamente – não significa necessariamente sua resolução, sua efetivação, que somos efetivamente livres (sentir-me livre não me faz livre, diria o senso comum, ou ainda, "você só pensa que é livre, mas não é"); no segundo caso, é sua afirmação como fato, como realização pontual, que não implica igualmente sua resolução. Nos dois casos, oscilamos entre o que pensamos como seres livres e o que podemos pensar, agindo livremente, e em nenhum dos casos pacificamos a questão: o que é ser livre?, o que é a liberdade?

Afinal, depois do que foi dito, para melhor responder à pergunta "o que é a liberdade?", seria consequente mapear o lugar da liberdade. Onde ela está? Em nós, como sensação íntima, certeza intuitiva de que "somos livres", e neste caso a liberdade é um valor que nos define; ou como fato de agir livremente, de se "fazer livre", e neste caso a liberdade é um valor da nossa ação e não tão somente de nós mesmos. O "lugar" entre o "ser" e o "estar" da liberdade (também lugar entre o nosso ser e o nosso estar), como parece não ser um lugar fixo, é o lugar de toda a confusão. Mas a esse "lugar" e a essa confusão podemos dar um nome mais preciso: a experiência da liberdade é uma experiência especial porque nela ou por meio dela se cruzam duas ordens aparentemente excludentes e que foram consagradas pelos seguintes termos: a natureza e o espírito.

Expliquemos melhor. Se a ambivalência da liberdade decorre da (quase) impossibilidade de encontrá-la em um lugar fixo, podemos supor que isso vem do fato de que nós mesmos não podemos nos localizar em um lugar fixo. A experiência de nós mesmos, que é uma experiência entre a natureza e o espírito, explica a experiência da liberdade: a liberdade é o valor que, ora experimentado em nós mesmos, ora experimentado como aquilo que fazemos por meio de nós mesmos, permite-nos de algum modo subverter a ordem da natureza, colocando-nos para além dela. Ser livre não parece ser justamente poder ir além do que se é?

Retomemos nosso exemplo do triângulo retângulo. Nós sabemos que, uma vez dada sua definição, ele não a ultrapassa; ele foi, é e será sempre triângulo retângulo. Podemos dizer que a experiência do triângulo retângulo é geométrica, isto é, ele é definido pela geometria e para "funcionar" na geometria. Que ele se dá em um campo definido pela geometria, já que ele tem uma medida, de certo modo, fixa. A experiência da liberdade, pelo contrário, pode bem ser a possibilidade de ultrapassar a medida de todas as coisas. Por isso, por meio dela, a relação entre a natureza e o espírito torna-se confusa: nossa experiência particular da liberdade, por meio da sensação íntima ou por meio de uma ação qualquer, sucede no mundo, um lugar permeado de toda ordem de medidas. A experiência da liberdade é a subversão dessas medidas. Isso significa, sobretudo, ultrapassar a natureza, não se deixar medir pela régua dos outros.

Por isso, a tradição consagra o problema da liberdade como o problema da relação entre a natureza, a lei, a norma, por um lado, e a experiência de sua ultrapassagem, de sua subversão, por outro. E o problema da liberdade retorna mais complexo: como a liberdade, experiência dessa ultrapassagem, aflora na natureza do homem?

1. As paixões como o oposto à natureza: a liberdade segundo os estoicos

Podemos tomar o estoicismo, uma escola filosófica que percorre toda a antiguidade pós-helênica e cujos nomes mais conhecidos são Zenão de Cítio (c. 335-264 a.C.), Crisipo de Solis (c. 280-208 a.C.), Sêneca (c. 4-65), Epicteto (c. 50-138) e Marco Aurélio (121-180), como uma das primeiras tentativas de elaborar moralmente o problema da liberdade. Podemos já notar que "estoicismo" também passou a ser, com o tempo, uma definição, um termo autônomo derivado da doutrina filosófica que lhe originou e que significa, em geral, "austeridade, rigidez moral, impassibilidade em face da dor ou do infortúnio, resignação diante do sofrimento, da adversidade, do infortúnio".

Pode soar estranho pensar que uma Filosofia ligada ao rigor e à austeridade possa ter contribuído de modo tão importante para a reflexão sobre a liberdade. Mas contribuiu. Vejamos o que nos diz Émile Bréhier

(1876-1952), importante estudioso do estoicismo, sobre Zenão, pai fundador da escola estoica:

"Para Zenão, o sábio deveria viver de modo coerente, harmonioso, ao que completava com a seguinte observação: por harmonioso é necessário entender 'em harmonia com a natureza', e natureza não era entendida apenas no sentido de 'sua própria natureza', mas de natureza universal: em conformidade com esta natureza. A natureza é completamente penetrada de razão, de um elemento divino. Todo corpo é unificado pela força de um sopro ígneo que o anima, emanação divina que penetra em tudo" (E. Bréhier, *Chrysipe et l'ancien stoicisme*, p. 273, apud P.-M. Schul, *Les stoïciens*. Paris: Gallimard/Tell, p. XVI. Trecho traduzido e adaptado por Alexandre Carrasco).

O modo pelo qual os filósofos estoicos pensam a liberdade parte da suposição de que há uma continuidade entre a Natureza (que também é razão, *lógos*) e nós mesmos como parte da Natureza. A sabedoria, expressão da liberdade e da grandeza de alma, significaria viver, por meio da fé estoica, essa continuidade. Daí que a "impassibilidade em face do infortúnio" é a experiência que nós, homens singulares, no exercício da liberdade, fazemos dessa continuidade, reatando e reafirmando (no sentido de harmonia) a Natureza em nós como parte e idêntica à Natureza do mundo.

E o que seriam as paixões, neste caso? "As paixões são tendências irracionais contrárias à natureza, tendências que ultrapassam todos os limites e nos desviam do *Lógos*" (P.-M. Schul, *Les stoïciens*. Paris: Gallimard/Tell, p. XXVIII. Trecho traduzido e adaptado por Alexandre Carrasco).

As paixões, fora da harmonia da natureza e da razão, aparecem como uma espécie de resíduo irracional, presente em nós e contra o qual devemos tomar distância, tornarmo-nos *apáticos*, isto é, desapaixonados.

A reflexão estoica não escapa ao problema essencial de se pensar a liberdade: o lugar híbrido em que se encontra a liberdade e sua experiência, entre a harmonia de um mundo que é *lógos*/natureza e a irracionalidade das paixões.

A liberdade, de modo geral, para o estoicismo, mesmo sendo afirmação particular, em nós, de uma natureza universal, cosmológica, se depara com uma espécie de outro lado da razão e de nós mesmos, expresso na forma da paixão. Para que a liberdade se realize, na forma de sabedoria e de bem viver, temos de nos pôr acima das paixões, contrárias não apenas à nossa natureza, mas à natureza do mundo. Por isso, a noção estoica de resignação, quase sinônimo de estoicismo, não significa renúncia da liberdade, mas sua mais enfática afirmação.

Sem pretender com isso esgotar a riqueza dos detalhes conceituais do estoicismo e os diferentes matizes que os filósofos estoicos exploram, podemos dizer, brevemente, que o estoicismo tenta "responder" aos problemas sobre a liberdade partindo de uma ordem natural capaz de abarcar tudo, inclusive a liberdade como experiência humana privilegiada.

As paixões, por um lado, são "desmesura, excesso, furor, descontrole, emoção por oposição à razão", e, por outro lado, são "a passividade, a inatividade diante da ação alheia". Por oposição à natureza, que é atividade e dinamismo, ordem e harmonia, as paixões são algo como um esforço inútil e irracional, sem finalidade, porque nos distanciam da ordem das coisas. Mesmo, porém, que estejam fora da ordem harmônica de tudo, não deixam de ser um problema a ser igualmente enfrentado. Por isso, a reflexão estoica também se pergunta pela *acrasia*: o estado daquele que comete um ato que ele próprio condena, diferente do otimismo moral socrático que preconiza que ninguém é mau voluntariamente. A paixão é o caso exemplar dessa "doença", como designa Zenão. E o remédio preconizado é, de novo, a *apatia*. A "rigidez" estoica pretendia curar esse mal: só colocando-nos acima das paixões poderíamos superar a confusão inicial de ser irracional (resíduo irracional, contradição, inconstância) e simultaneamente pensamento (natureza e razão, como vimos, sinônimas para os estoicos).

2. Liberdade por entre as paixões: a experiência segundo Montaigne

Como vimos, a liberdade para os estoicos é a experiência que nos permite ligar a Natureza em nós à Natureza do mundo. As paixões, por outro lado, são a experiência da dissociação que nos faz, como comumente se diz, "perder a razão". Quando, porém, a Natureza não é mais sinônimo dessa harmonia universal e cosmológica, quando a nossa experiência da natureza nos põe como que sendo o outro da Natureza, os termos do problema mudam e exigem um novo esforço de elaboração.

Para entendermos o problema da liberdade nesse novo registro, podemos acompanhar as linhas gerais do pensamento de Michel de Montaigne (1533-1592), ou simplesmente Montaigne, que tem uma obra e uma vida de difícil classificação. Homem do final do Renascimento, experimentou e viveu o ocaso de um mundo e o nascimento de outro, num especial momento de transição.

Entre um e outro, a leitura dos clássicos latinos e gregos (sobretudo os estoicos) e o novo mundo que nascia com a expansão marítimo-comercial, Montaigne deparou com o que passou a chamar de a "humana condição": "outros formam o homem, eu o narro e apresento este aqui, particular e malformado, que, se me ocorresse moldá-lo novamente, eu o faria completamente diferente". E segue: "eu não pinto o ser, eu pinto a passagem: e não de uma era a outra ou, como diz o povo, de sete em sete anos. Mas dia a dia, minuto a minuto. É preciso acomodar minha história à hora" (Michel de Montaigne, *Essais*, Livro III, Cap. II, "Du repentir". In: Montaigne. *Oeuvres Complètes*. Paris: Gallimard/Pléiade, p. 782. Trecho traduzido e adaptado por Alexandre Carrasco).

Podemos, então, perceber que aquilo que os estoicos geralmente associavam às paixões – a inconstância, o movimento desordenado, a agitação – Montaigne traz para o centro da sua reflexão: essa "agitação perene" é a própria condição humana. É por meio dela que podemos entender a liberdade e suas paixões.

Ao perceber a estranha novidade dessa experiência inusitada, em relação à qual parecia não haver correspondência nos antigos, Montaigne, na falta de um modo e de uma maneira de tratar desse assunto tão indócil, inventa seu modo: o ensaio. Que sentido passa a ter "ensaio", termo de uso corrente no momento em que escreve Montaigne, mas com significado muito mais restrito? Ensaio também passa a significar uma maneira de se expressar, a meio caminho da narrativa pura e simples, os exemplos, e a meio caminho da teoria no sentido próprio, o tratado, a suma. O ensaio é uma forma livre por excelência.

Mas, se somos assim, tão indóceis e inconstantes, não em virtude de alguma limitação pessoal e particular, mas sim em virtude de nossa "humana condição", o que significa para nós a liberdade?

Claro que a investigação dessa questão se dá por meio do ensaio. E já não podemos apelar para uma harmonia universal que nos pacificaria dessa agitação incômoda. Sabedoria também não significa mais ignorar nossa condição humana, a agitação e transitoriedade que nos definem.

Mais uma vez Montaigne nos dá não a resposta, mas a pista: "Tanto há que eu me contradigo aventurosamente, mas a verdade, como dizia Demades, eu não a contradigo. Se minha alma pudesse tomar pé, eu não me experimentaria mais, eu me resolveria, mas ela está sempre em aprendizagem e experimentando [ensaiando]" (Michel de Montaigne, *Essais*, Livro III, Cap. II, "Du repentir". In: Montaigne. *Oeuvres Complètes*. Paris: Gallimard/Pléiade, p. 782. Trecho traduzido e adaptado por Alexandre Carrasco).

O que Montaigne constata é justamente esse movimento permanente e inconstante, ao me aproximar e me distanciar incessantemente das coisas e das pessoas, e mesmo de mim, já que "minha alma não toma pé"; é a experiência da liberdade por excelência. A vertigem da condição humana – um não saber prático e moral que nos atravessa constantemente e, paradoxalmente, exige atitude prática e moral – decorre do fato de, como somos livres, nada poder nos assegurar e nos confortar do que fazemos e somos senão nossa liberdade. Por isso, ele não escreve o que sabe, ele não escreve como sábio, como portador de uma doutrina; escreve para saber, ele "narra" o homem como o autor dos ensaios. Escrever para saber é isto: tentar, experimentar.

Completa Montaigne: "Não há desejo mais natural que o desejo de conhecer. Nós experimentamos todos os meios que podemos para alcançá-lo. Quando nos falta a razão, empregamos a experiência. Que é um meio mais fraco e menos digno. Mas a verdade é coisa tão grande, que nós não devemos desdenhar nenhum modo de alcançá-la. A razão tem tantas formas, que muitas vezes não sabemos qual tomar; o mesmo vale para a experiência. A consequência que pretendemos tirar da semelhança dos acontecimentos é tão mal assegurada, uma vez que eles são igualmente dessemelhantes: não há nenhuma qualidade tão universal nessa imagem das coisas que a diversidade e a variedade" (Michel de Montaigne, *Essais*, Livro III, Cap. XIII, "De l'expérience". In: Montaigne. *Oeuvres Complètes*. Paris: Gallimard/Pléiade, p. 782. Trecho traduzido e adaptado por Alexandre Carrasco).

Esse trecho é a abertura do último ensaio de Montaigne, que se chama "Da experiência", e que fecha os seus *Ensaios*, o livro que reescreve continuamente até a morte. E aqui ele como que coroa o raciocínio cabal de seu livro e chave para entendermos esse novo modo de pensar a liberdade: o não saber que somos inconstantes e incertos, nossa condição, se traduz por experiência igualmente inconstante e incerta. É esse mistério essencial da nossa condição que exige e funda nossa liberdade. Ser livre é viver como se é no mundo em que se vive.

A grande novidade inaugurada por Montaigne, portanto, é que o juízo moral, o saber julgar o certo e o errado, a doutrina da vida reta, agir conforme o bom, o belo e o justo, não depende mais de um recurso à Natureza (de uma "física", como nos estoicos), à cosmologia, a uma ordem da qual fazemos parte. Depende, agora, exclusivamente da nossa liberdade, que é justamente essa não dependência de nada que vivemos como a confusão permanente de ter de julgar sem saber.

Podemos notar que nesse novo registro as paixões e a natureza estão funcionando em uma mesma ordem em movimento: estão presentes na experiência e na razão e são igualmente falhas, vagas, contingentes.

A Natureza, tal como a razão, não esgota o problema de nós mesmos: elas não oferecem a permanência e constância para nos "resolvermos"; pelo contrário, elas produzem a dessemelhança, a variedade e a diversidade. A razão não é capaz de fornecer um modelo das coisas que as pacifique, que diga definitivamente o que são as coisas. É nessa ordem/desordem que a experiência da condição humana é a experiência da liberdade, é a experiência da falta de fundamento que exige de nós uma invenção particular, uma invenção humana.

3. Liberdade contra a natureza: o pensamento de Jean-Paul Sartre

Como pretendemos sugerir, nenhum filósofo esgota e resolve o problema ou algum problema; ele apenas reinventa o problema, experimentando um outro modo de pensá-lo. Montaigne, leitor dos estoicos, procede desse modo, e o esforço que faz em entender o que chama de "condição humana", ao mesmo tempo seu ponto de partida e seu ponto de chegada, nada tem que ver com uma pretensa vontade de "ultrapassar" uma escola ou um filósofo. Por isso, na história do pensamento, modos consagrados de pensar um problema podem retornar renovados.

Neste capítulo pretendemos apresentar brevemente como um filósofo mais próximo de nós cronologicamente pensou a liberdade. Trata-se do francês Jean-Paul Sartre (1905-1980). Para tal, porém, temos de recuperar o modo pelo qual o problema da liberdade, legado nos termos de Montaigne, fora retomado e pensado por uma tradição de longa posteridade. Falamos da filosofia francesa e sua especificidade. Explicando-nos melhor, podemos nos perguntar como a filosofia francesa que se institui com René Descartes (1596--1650) rearranja os termos do problema da liberdade, ainda que o tema da liberdade não tenha sido o problema central da filosofia cartesiana.

Para isso precisamos entender como todo o esforço filosófico de Descartes se traduz por uma tentativa de escapar da configuração da "condição humana" tal como a descrita por Montaigne. Descartes, que era homem muito comprometido com a construção da ciência moderna, sabia que, se no centro da nossa experiência estivesse a "condição humana", com sua variabilidade e transitoriedade, não seria possível fundar uma ciência, que exige sempre certezas.

Assim, Descartes realiza um tremendo esforço teórico para separar a natureza e a alma; o corpo e o espírito. Seu propósito, que não é gratuito, é separar uma ordem de certezas, o espírito, por oposição a uma ordem do duvidoso, do não confiável, o corpo, a matéria, o sensível.

Podemos dizer que é deste ponto que parte Sartre. Não como um erudito conhecedor de Descartes, mas como alguém profundamente impregnado da filosofia de

Descartes, como alguém formado pela filosofia francesa. Dirá Sartre: "aquilo que Descartes separou, ninguém jamais uniu [isto é, o corpo e o espírito]", ao fazer o elogio de Descartes. Claro que no âmbito da filosofia cartesiana permanece como constante questionamento o problema da união da alma com o corpo, um efeito colateral dessa separação, já que vivemos essa união, sem que possamos exatamente compreendê-la, como crê Descartes. Tal problema Descartes tentará resolver (alguns dizem que provisoriamente; outros, definitivamente) no *Tratado das paixões*. O que nos interessa, para além das disputas em torno da filosofia de Descartes, é que podemos entender a filosofia de Sartre como partindo desse "dado" filosófico: a separação entre a alma e o corpo.

Esse ponto de partida, porém, não se dá em termos cartesianos. A pré-história do pensamento sartriano está posta mais ou menos nos seguintes termos: trata-se de investigar a "possibilidade de 'descrever concretamente o que se passa na consciência'", ou, como ele teria dito na juventude, juntar Espinosa e Stendhal, o rigor de uma "ordem geométrica" com a vivacidade do romance. O que significa isso? Voltemos, por um momento, a Descartes. Quando Descartes "separa" a alma do corpo, ele também pretende responder à questão que faz para si o jovem Sartre alguns séculos depois. Descartes supõe que, quando pensamos "corretamente", este pensamento nada tem que ver com nosso corpo, isto é, com nossas sensações e impressões sensíveis. Isso não quer dizer que esse pensamento não seja "real" e "concreto". Ele é real porque o "real", para Descartes, não significa o sensível. Daí que a separação que propõe Descartes não implica um pensamento "fora" da realidade, mas um modo de entender a realidade que passa apenas pelo espírito, já que o sensível está definitivamente desqualificado.

Sartre, por seu turno, ao se pôr a questão de saber "o que se passa concretamente na consciência para que a consciência seja consciência", não inicia seu percurso pretendendo "separar" a alma do corpo. Ele irá redescobrir esse problema ao desenvolver esta afirmação. Ele pretende entender como, a despeito do que diz a tradição, a experiência da consciência é real, é concreta, isto é, quando percebemos, pensamos, quando inferimos imediatamente algo etc., esses "fatos da consciência" nos aparecem reais e confiáveis e efetivamente balizam nossa experiência do mundo, efetivamente nos "põem" no mundo.

Será desse ponto de partida que Sartre, ao descrever a consciência conforme a fenomenologia – uma corrente filosófica alemã à qual ele se filia –, descobre, na própria estrutura da consciência, uma indeterminação original. O que ensina a fenomenologia, *grosso modo*? Que toda consciência é consciência de alguma coisa. A consciência de alguma coisa é esta alguma coisa presente *intencionalmente* à consciência. A consciência de um objeto qualquer, a cadeira, por exemplo, *é* este objeto como consciência, a "evidência" da cadeira, isto é, "que ela está aí". A consciência precisa estar no mundo para poder ser consciência, e o mundo "presente" à consciência é aquele que aparece à consciência como sentido imediato. Por detrás da experiência da "evidência" do sentido (como, por exemplo, saber imediatamente que estou aqui, na biblioteca, escrevendo este livro) está a experiência da intencionalidade. É por meio desse expediente que o outro da consciência, o que chamamos normalmente de "os conteúdos" da consciência, passa a ser a própria consciência, mas não em sentido realista, substancialista, naturalista, mas no inédito sentido intencional, a invenção da fenomenologia de que Sartre se apropria.

O que isso tem que ver com experiência da liberdade? Vejamos:

"Que significa aqui o fato de a existência preceder a essência? Significa que o homem primeiramente existe, se descobre, surge no mundo, e que só depois se define. O homem, tal como o concebe o existencialista, se não é definível, é porque de início não é nada. Só depois será alguma coisa e tal como a si próprio se fizer. Assim, não há natureza, visto que não há Deus para a conceber. O homem é não só como ele se concebe, mas como ele quer ser; como ele se concebe depois da existência, como ele se quer após este impulso para a existência, o homem não é mais do que o que ele faz de si mesmo" (J.-P. Sartre, *L'existentialisme est un humanisme.* Paris: Gallimard, 1946, p. 29. Trecho traduzido por Alexandre Carrasco).

Esse trecho, parte da conferência muito conhecida de Sartre, intitulada "O existencialismo é um humanismo", tenta exprimir em termos mais prosaicos o fato essencial que descobre Sartre ao investigar a consciência: que a experiência da consciência é uma experiência de não coincidência. Vamos explicar. Quando tomamos qualquer objeto e perguntamos "o que ele é", uma cadeira, o abajur, o livro, a lapiseira etc., o essencial do objeto é que ele sempre coincide consigo mesmo: a cadeira não deixa de ser cadeira, ela pode degradar-se até não servir mais como cadeira, mas ainda assim será "cadeira degradada" e não outra coisa. O que pretendemos dizer é que as possibilidades de um objeto qualquer estão restritas à identidade do objeto consigo mesmo; o que é possível que a cadeira seja está inscrito no fato de a cadeira "ser cadeira". Quando eu faço uma anotação qualquer com minha lapiseira e a guardo, em nenhum momento me ocorre que, quando a procurar novamente, ela terá deixado de ser lapiseira, terá "decidido" ser outra coisa.

Por outro lado, a experiência de nós mesmos, a experiência que temos como consciência, funciona completamente de outro modo. Se não vejo há muito tempo um amigo, pode ser que quando o reencontre já não o "reconheça", como comumente falamos; eu o "estranho". Ele mudou, ou eu mesmo mudei ou ambos mudamos. A questão é: como admitimos que "mudamos", o que faz com que nos aceitemos como mutáveis? Para Sartre é a estrutura original da consciência que, ao se fundar, por um lado, na plenitude das coisas (que não mudam) e, por outro, no vazio da consciência para que seja possível a experiência das coisas (a intencionalidade), faz com que possamos ser nossa própria invenção (mudarmos). O sentido humano da fórmula sartriana de que "a essência precede a existência" é este: dado o modo como somos, a experiência essencial de nós mesmos é uma experiência de não coincidência, ou seja, é a experiência de não termos essência. A liberdade como não coincidência é o que nos define essencialmente; por isso, dirá Sartre, com ares de paradoxo: "o homem está condenado a ser livre".

Porém, nessa disjunção entre a plenitude das coisas e o nada que me constitui (sempre querendo ser o que não sou), a liberdade é a potência de ultrapassar qualquer obstáculo "natural", fático.

Assim, na filosofia sartriana, como a liberdade é o nada que me move e que pode ser tudo, a Natureza, como a ordem das coisas e mesmo como ordem da vida não humana, não entra em conta, e nossa liberdade, apesar de situada, de ser *esta* liberdade, é absoluta.

Expliquemos. Sartre concede que minha experiência da liberdade está situada em meu próprio corpo. Mas a massa de meu corpo não interfere no absoluto da liberdade. Assim, posso estar cansado, doente, ferido até ou, ainda, apenas com dor de barriga e mal-estar, mas minha liberdade permanece intacta, essa operação de "não coincidência" nada sofre com minhas dores físicas; pelo contrário, como sou livre, posso desafiá-las, ultrapassá-las e mesmo negá-las. Porque o que fizer, independentemente da minha situação (não só física, mas também financeira, psicológica, social, fisiológica etc.), faço absolutamente, isto é, o fundamento do ato é um absoluto incondicionado que decorre da estrutura do para-si, o nome que Sartre dá à consciência no seu monumental livro *O ser e o nada*.

O melhor exemplo disso podemos tomar emprestado de outra obra, *A náusea*, primeiro romance de Sartre. Vejamos o seguinte trecho:

"A voz canta *Some of these days you'll miss me honey*. O disco está arranhado neste trecho, faz um ruído estranho. E há alguma coisa que aperta o peito: a melodia não é de modo algum tocada por este pequeno tremor da agulha sobre o disco. Ela está longe – bem longe, lá trás. É isso, compreendo. O disco risca, se desgasta, a cantora talvez esteja morta e eu daqui a pouco me vou, vou pegar meu trem. Mas por detrás do existente que cai de um presente a outro, sem passado, sem futuro, por detrás desses sons que, dia a dia, se decompõem, se esgarçam e deslizam para a morte, a melodia permanece a mesma, jovem e firme, como uma testemunha sem piedade" (J.-P. Sartre, *La nausée*. Paris: Gallimard/Folio, pp. 246-7. Trecho traduzido e adaptado por Alexandre Carrasco).

O sentido do ato que aparece por meio daquela melodia, naquela canção, cantada por aquela cantora, não depende do seu suporte, da sua matéria, de alguma infraestrutura. Depende exclusivamente da radicalidade da liberdade. Pode não haver discos, pode não haver gravação. Mas, para que haja homens e sentido humano, deve haver liberdade.

Havíamos dito que, para o senso comum, muitas vezes liberdade significa simplesmente poder. É livre quem não encontra nenhum impedimento para o que quer. Não é nesse sentido que Sartre pensa a liberdade. A liberdade é absoluta como valor que funda o humano, e a radicalidade da liberdade sartriana está justamente nisto: não há nada que me reduza à matéria e ao corpo senão a morte. À parte a morte, somos plena e absolutamente livres.

4. Liberdade e natureza: a experiência da ambiguidade em Merleau-Ponty

Sob o influxo da fenomenologia e do existencialismo, correntes filosóficas presentes na filosofia contemporânea e no pensamento sartriano, outro filósofo francês, contemporâneo de Sartre e intelectualmente próximo dele, também pensou o problema da liberdade. Como já advertira, porém, o filósofo brasileiro Bento Prado Júnior (1937-2007), em Filosofia seu melhor amigo é também seu melhor inimigo, e Maurice Merleau-Ponty (1908-1961) empreendeu uma reflexão cuja proximidade com o projeto sartriano torna, paradoxalmente, mais clara sua diferença.

O esforço intelectual merleaupontiano, também radical à sua maneira, pretende pensar a liberdade não para além do corpo, não como uma maneira de ultrapassar e abandonar o corpo, mas junto ao corpo, como uma experiência do corpo, que se dá por meio do corpo.

Os dois primeiros livros de Merleau-Ponty, *A estrutura do comportamento* e *Fenomenologia da percepção*, momentos privilegiados da construção desse projeto, nos ajudam a entender o teor de sua reflexão.

Passando do comportamento, tema do primeiro livro, à percepção, tema do segundo, Merleau-Ponty muda a escala de sua análise, mas não seu sentido: nos dois casos ele visa fundar uma "filosofia do concreto", por meio da experiência do concreto.

O "concreto", que para Sartre era dado pela potência negativa da consciência, Merleau-Ponty pretende encontrar na experiência do corpo e nos desdobramentos da experiência do corpo.

Em *A estrutura do comportamento*, ele investiga a natureza do comportamento, partindo do seguinte: "Nosso fim é compreender as relações da consciência e da Natureza – orgânica, psicológica ou mesmo social. Entende-se aqui por natureza uma multiplicidade de acontecimentos exteriores uns aos outros e ligados por relações de causalidade" (M. Merleau-Ponty, *La structure du comportement*. Paris: PUF, p. 1. Trecho traduzido por Alexandre Carrasco).

A partir dessa passagem pode-se perceber a caracterização muito peculiar do problema: não tanto a caracterização rigorosa da Natureza como a operação necessária de um sistema de leis que funciona independentemente de qualquer "compreensão" (a lei da gravidade, por exemplo, é válida, independentemente de nosso conhecimento dela), nem igualmente a clara oposição dessa definição de Natureza ao que usualmente podemos entender por consciência, isto é, capacidade e possibilidade de "compreender" as coisas. O essencial do ponto de partida de Merleau-Ponty é pensar o "comportamento" justamente como o cruzamento dessas duas ordens tão diferentes e distintas.

A premissa, portanto, é tomá-las, a despeito de sua distinção, como uma unidade que existe antes de qualquer teoria.

Resumindo rapidamente a rica argumentação do livro, Merleau-Ponty pretende entender como o que chamamos de "comportamento" pode acomodar na sua definição tanto o chamado "comportamento reflexo" (hegemônico nos animais e presente em nós, conforme dizem alguns psicólogos), aquele comportamento cujo automatismo é derivado da Natureza e, portanto, nos dispensa de "compreendê-lo" para que ele se efetive, quanto o comportamento simbólico, em que se exige "compreensão" do começo ao fim do ato para que ele se efetive.

Desse modo, a investigação sobre a estrutura do comportamento passa por dar conta de como a Natureza presente em nós – não só como corpo vegetativo, mas como corpo reflexo – não elimina nosso comportamento simbólico; pelo contrário, torna-o possível.

O desenvolvimento radical desse problema leva Merleau-Ponty ao último capítulo do livro, em que retoma um problema clássico da Filosofia e da reflexão filosófica sobre a liberdade: "As relações da alma e do corpo e o problema da consciência reflexiva".

O problema clássico das relações entre a alma e o corpo, que, desde a solução cartesiana, parecia pacificado, reaparece aqui como a experiência da unidade entre alma e corpo que o fato do comportamento atesta. É sabido que Descartes reconhecia haver *de fato* tal unidade: certa experiência confusa de nós mesmos atestava essa união. Mas nada poderia ser explicado por meio dela. Essa é a grande diferença em relação a Merleau-Ponty.

Diz-nos Merleau-Ponty nesse capítulo:

"A mediação corporal escapa-me frequentemente: quando assisto a um acontecimento que me interessa, quase não tenho consciência dos cortes perpétuos que meu piscar de olhos impõe ao espetáculo, e esses cortes não figuram em minha lembrança. De todo modo, bem sei que eu sou o senhor para interromper o espetáculo fechando os olhos, que eu vejo pelo intermédio dos olhos. Esse saber não me impede de acreditar que vejo as coisas elas mesmas quando meu olhar se põe sobre elas. É que o corpo próprio e seus órgãos permanecem os pontos de apoio ou os veículos de minhas intenções e não ainda tomados como 'realidades fisiológicas'. O corpo está *presente* à alma como estão presentes as coisas exteriores; lá como aqui não se trata de uma relação causal entre os dois termos" (M. Merleau-Ponty, *La structure du comportement*. Paris: PUF, p. 203. Trecho traduzido por Alexandre Carrasco).

Merleau-Ponty, ao descrever o comportamento nos termos de unidade entre o corpo e o que vemos como experiência do sentido, destaca o fato de que temos um corpo que sempre está presente, mesmo que o "espetáculo" nos dispense de considerá-lo, de tomá-lo. Mas não é só isso. Podemos até nos esquecer de que temos um corpo, mas esse "esquecimento" não nos impede de convocá-lo a qualquer instante porque, enfim, ele nunca se ausentou. A constatação-chave é a de que o corpo "suporta", mesmo na sua ausência, uma experiência que se dá para além dele. Só podemos esquecer-nos do corpo em virtude de sua presença constante.

Não há aqui, como em Descartes e, de modo especial, em Sartre, uma superação do corpo que não deixa nenhum resto, como uma divisão exata de números inteiros. Há sim uma experiência (o comportamento) que não se limita ao corpo (à natureza como lei natural independente de nós) e também não prescinde do corpo (já que ajo por meio de meu corpo).

Não é à toa que Merleau-Ponty se interessa pela experiência da doença. Na doença, mais que em qualquer outra situação – excetuando-se a experiência da deficiência, seja física, seja intelectual –, sentimos que temos um corpo, que nosso corpo "nos dá limites", mais limites do que supomos ter. Ao investigar a experiência da patologia na *Fenomenologia da percepção*, Merleau-Ponty se dá conta de que a doença não nos reduz a uma "máquina da Natureza", a um ponto em que seríamos completamente explicados pela Natureza. A doença reinventa o humano em nós: mais ou menos subjugados, mesmo na doença, não renunciamos a lhe dar sentido humano e a vivê-la como experiência humana; não "aceitamos" ser parte inerte da Natureza.

Considerando isso é que podemos perguntar pela liberdade em Merleau-Ponty. Para tal podemos recorrer ao capítulo "A liberdade" da *Fenomenologia da percepção*:

"Que é então a liberdade? Nascer é simultaneamente nascer do mundo e nascer para o mundo. O mundo já está constituído, mas nunca completamente constituído. Sob a primeira relação, nós somos solicitados, sob a segunda, estamos abertos a uma infinidade de possibilidades. Mas essa análise é abstrata, pois existimos sob as duas relações simultaneamente. Nunca há, então, determinismo, nunca há escolha absoluta; nunca sou coisa, nunca sou consciência absoluta" (M. Merleau-Ponty, *La phénoménologie de la perception*. Paris: Gallimard/Tell, p. 517. Trecho traduzido por Alexandre Carrasco).

Liberdade, para Merleau-Ponty, é esta experiência que se dá entre a Natureza e a consciência. Há um paralelo entre nascer e a experiência da doença: aparecemos, nos dois casos, como "vítimas das circunstâncias"; há fatos que dispensam nossa vontade para ocorrer, mas que só podem ser aceitos nos nossos termos. Quando nascemos, esse ato de que não participamos, é um dado natural. Ao "sermos colocados no mundo" pelo nascimento, porém, podemos ir além do que somos, podemos nos inventar.

A reflexão de Merleau-Ponty tenta tocar o ponto em que a vida deixa de ser anônima para ser, enfim, vida vivida. Só que essa retomada da vida não pode ser pensada de modo abstrato, como ele insiste que foi feito pela tradição filosófica. A vida vivida passa pela vida, como a liberdade passa pela experiência concreta de nosso corpo.

Para Merleau-Ponty não abandonamos, por obsoleto, aquele ato inicial e suas consequências, ter de nascer sem escolher. Porque somos livres, nosso destino – ter nascido – faz-se história, nossa história. A história é a passagem do natural para o humano.

Podemos concluir, enfim, com um pequeno poema em homenagem a Fernando Pessoa (1888-1935) escrito por Carlos Drummond de Andrade (1902-1987). E a escolha se justifica por isto: talvez mais que nenhum outro, Fernando Pessoa reinventou seu nascimento para, ao ser muitos, seus heterônimos, ser radicalmente Fernando Pessoa, escriturário em Lisboa. Liberdade também é poder dizer: um falso Fernando Pessoa pode valer por um verdadeiro. Do destino à história.

SONETILHO DO FALSO FERNANDO PESSOA

Onde nasci, morri.
Onde morri, existo.
E das peles que visto
muitas há que não vi.

Sem mim como sem ti
posso durar. Desisto
de tudo quanto é misto
e que odiei ou senti.

Nem Fausto nem Mefisto,
à deusa que se ri
deste nosso aoristo,

eis-me a dizer: assisto
além, nenhum, aqui,
mas não sou eu, nem isto.

"Sonetilho do falso Fernando Pessoa".
In: *Claro enigma*. Rio de Janeiro: Record, 1991.
Carlos Drummond de Andrade © Graña Drummond
www.carlosdrummond.com.br

5. Conclusão

A pergunta pela liberdade não é fácil, mas é constante. A constatação depende menos do que dizem os filósofos e muito mais da nossa experiência cotidiana e descompromissada de teoria ou teorias. Os filósofos, de todo modo, não escapam da sua complexidade e constância.

Olhando a definição de "liberdade" nos dicionários (*Houaiss* e *Aurélio*, por exemplo), as inúmeras entradas referentes ao termo (mais de quinze, em ambos os dicionários) revelam quanto a noção corrente de liberdade está presente em nossa vida comum, de como essa noção perpassa todas as variações possíveis da autonomia e da experiência da autonomia.

Por isso, a liberdade se desdobra em liberdade de pensamento, de opinião, política, religiosa, acadêmica etc. Todas essas variações tentam localizar nossas possíveis "experiências de autonomia", "de liberdade", de autodireção, de autogoverno, de não dependência.

Abrimos este pequeno livro constatando esse fato e explorando essa constatação. Vamos fechá-lo tentando reforçar que, para a Filosofia, interessa mais como essa experiência multifacetada da liberdade se constitui no âmbito do possível e não no âmbito do real. Como esse atributo, presente em vários "efeitos", tem uma "essência". A pergunta filosófica pode, às vezes, parecer capciosa, mas não lhe parece faltar sentido.

Quando perguntamos pelo sentido filosófico de liberdade, acompanhando a pergunta feita pelos filósofos que nos serviram de exemplo e, de certo modo, de guia, não perguntamos tão somente pelos exemplos ou "resultados" de ser livre, descritos na definição do termo encontrada no dicionário. Perguntamos como isso é possível; perguntamos por aquilo que torna possível não tanto agir livremente em diferentes situações, mas, ao agir, nos darmos conta simultaneamente de que somos livres, nos reconhecermos livres e nos fazermos livres.

É esse sentido "anterior" de liberdade, prévio, menos relacionado com a ação como resultado prático e mais com o modo pelo qual agimos, que responde pela paixão filosófica pela liberdade: aquilo que todos os homens sabem e muito poucos ousam explicar.

Seguindo o percurso tortuoso das relações entre liberdade e paixão, podemos igualmente dar um sentido filosófico para um dilema muito contemporâneo: a oposição entre determinismo e autonomia. Em tempos de decodificação genética, quando, em decorrência de uma linguagem vulgar e paracientífica, somos reduzidos da vida à vida determinada (e se fala, ingenuamente, em gene da preguiça, do trabalho, do crime, da insônia, confundindo-se propositadamente determinações físicas com juízos morais), a reflexão sobre a liberdade encontra-se justamente nesta encruzilhada: ser livre pode ser mais que estar vivo, quer dizer, o próprio da experiência da liberdade é ultrapassar a vida?

A questão, por ser boa, há de permanecer. O enigma da liberdade, afinal, também é nosso próprio enigma.

OUVINDO OS TEXTOS

Texto 1. Jean-Paul Sartre (1905-1980), *A experiência de existir sem fundamento*

A voz se cala. O disco arranha um pouco e depois para. Liberado de uma imaginação importuna o café rumina, mastiga o prazer de existir. A dona do bar tem o rosto vermelho, ela aperta as bochechas de seu novo namoradinho, sem conseguir colori-las. Bochechas de morto. Eu, encolhido, quase adormeço. Em quinze minutos estarei no trem, mas não penso nisso. Eu penso em um americano barbeado, com espessas sobrancelhas negras, que sufoca de calor no vigésimo andar de um prédio de Nova York. Por cima de Nova York, o céu queima, o azul do céu se inflama, enormes labaredas amarelas lambem os telhados; os adolescentes do Brooklyn se põem, em calções de banho, na direção dos esguichos d'água. No quarto escuro do vigésimo andar, um calor imenso cozinha tudo. O americano de sobrancelhas negras suspira, sufoca e o suor escorre pelo seu rosto. Está sentado, de mangas de camisa suspensas, diante do piano: há um gosto de fumo em sua boca e, vagamente, vagamente, um fantasma de uma canção em sua cabeça – *some of these days* [um dia desses]. Tom virá em uma hora com sua garrafa e, então, eles se afundarão, os dois, nas poltronas de couro e beberão grandes quantidades de álcool e o fogo do céu virá lamber suas gargantas, e eles sentirão o peso imenso de um imenso e tórrido sono. Mas antes é preciso anotar essa canção. *Some of these days*. A mão úmida toma o lápis sobre o piano. *Some of these days you'll miss me honey* [um dia desses você me fará falta, querida].

SARTRE, J.-P., *A náusea*. Trecho traduzido por Alexandre
Carrasco, a partir da edição francesa *La nausée*, Paris:
Gallimard, 1938, p. 247.

Texto 2. Jean-Paul Sartre (1905-1980), *Liberdade como autonomia de escolha*

É necessário, além disso, precisar, contra o senso comum, que a fórmula "ser livre" não significa "obter isso que se quer", mas "se determinar a querer (no sentido largo de escolher) por si mesmo". Dito de outro modo, o sucesso não importa em nada para a liberdade. A discussão que opõe o senso comum aos filósofos vem do seguinte mal-entendido: o conceito empírico e popular de "liberdade", produto de circunstâncias históricas, políticas e morais, equivale à "faculdade de obter os fins escolhidos". O conceito técnico e filosófico de liberdade, o único que consideramos aqui, significa apenas: autonomia de escolha. É necessário, porém, notar que a escolha, sendo idêntica ao *fazer*, supõe, para se distinguir do sonho e do desejo, um começo de realização. Assim, não diremos que um prisioneiro está sempre livre para sair da prisão, o que seria um absurdo, nem também que ele é sempre livre para desejar o relaxamento de sua prisão, o que seria uma obviedade ridícula, mas que ele é sempre livre para procurar evadir-se da prisão (para fazer-se liberto) - isto é, não importa qual seja sua condição, ele pode projetar sua evasão e aprender por ele mesmo o valor de seu projeto pelo início de uma ação. Nossa descrição da liberdade, não distinguindo entre o escolher e o fazer, obriga-nos a renunciar de chofre à distinção entre intenção e ato. Não mais se saberia como separar a intenção do ato, tanto quanto o pensamento da linguagem que o exprime e, como ocorre que nossa fala nos ensine nosso pensamento, nossos atos nos ensinam sobre nossas intenções, isto é, permitem-nos decantá-las, esquematizá-las, fazer delas objetos em vez de nos limitar a vivê-las, ter delas uma consciência não tética. Essa distinção essencial entre a liberdade de escolha e a liberdade de obter foi certamente vista por Descartes, por meio do estoicismo. Ela põe um termo a todas as discussões sobre o "querer" e o "poder" que opõem ainda hoje os partidários e os adversários da liberdade.

> SARTRE, J.-P., *O ser e o nada*. Trecho traduzido por Alexandre Carrasco, a partir da edição francesa *L'être et le néant*, Paris: Gallimard, 1943, pp. 528-9.

Texto 3. Maurice Merleau-Ponty (1908-1961), *Passagem do objetivo ao subjetivo*

O ato do artista ou do filósofo é livre, mas não sem motivo. Sua liberdade reside no poder de equívoco de que falávamos há pouco ou ainda no processo de fuga de que falamos [...]. Ela consiste em assumir uma situação de fato, dando-lhe um sentido figurado para além do sentido próprio. Assim, Marx, não contente em *ser* filho de advogado e estudante de Filosofia, *pensa* sua própria situação como a de um "intelectual pequeno-burguês" e na perspectiva nova da luta de classes. Assim, Valéry transforma em poesia pura um mal-estar e uma solidão de que outros não teriam feito nada. O pensamento é a vida inter-humana tal qual se compreende e se interpreta ela mesma. Nessa retomada voluntária, nessa passagem do objetivo ao subjetivo, é impossível dizer onde terminam as forças da história e onde começam as nossas, e a questão nada quer dizer, a rigor, já que não há história senão para alguém que a vive e como não há sujeito senão situado historicamente.

MERLEAU-PONTY, M., *Fenomenologia da percepção*.
Trecho traduzido por Alexandre Carrasco, a partir da
edição francesa *Phénoménologie de la perception*,
Paris: Gallimard, 1945, pp. 201-2.

Texto 4. Michel de Montaigne (1533-1592), *Há sempre caminhos para outros lugares*

Nada é senão a fraqueza particular que faz com que nos contentemos com isso que os outros ou que nós mesmos encontramos na caça ao conhecimento. Alguém mais hábil não se contenta. Há sempre lugar para algo seguinte e para nós mesmos e caminhos para outros lugares. Não há fim para nossas inquisições, nosso fim está em outro mundo. É signo de estreiteza do espírito quando ele se contenta, ou de preguiça e lassidão. Nenhum espírito generoso se detém em si, ele se projeta sempre e vai para além das suas forças; ele tem elãs para além de seus efeitos – se ele não avança e não se move, se não recua e não se choca, ele não está vivo senão pela metade, seus percursos são sem termo e sem forma. Seu alimento é a admiração, caça, ambiguidade. É o que declarava frequentemente Apolo, falando sempre com duplo sentido, obscuramente e obliquamente, não nos apaziguando, mas nos interessando e nos excitando. É um movimento irregular, perpétuo, sem patrão e sem fim. Suas invenções escapam, sobrevivem, se entreproduzem umas às outras.

> MONTAIGNE, M., *Ensaios*, livro III, ensaio XIII, "Da experiência". Trecho traduzido por Alexandre Carrasco, a partir da edição francesa *Essais*, Paris: Gallimard, 1963, p. 1045.

Texto 5. Immanuel Kant (1724-1804), *O sujeito de todos os fins é todo ser racional como fim em si*

Este princípio, segundo o qual a humanidade e toda natureza racional em geral são consideradas como *fins em si* (condição suprema limitadora da liberdade de ação de todos os homens), não é extraído da experiência – primeiramente, por causa de sua universalidade, porque se estende a todos os seres racionais em geral, relativamente aos quais nenhuma experiência é bastante para determinar qualquer coisa; em segundo lugar, porque, neste princípio, a humanidade é representada, não como fim puramente humano (subjetivo), isto é, como objeto de que fazemos por nós mesmos efetivamente um fim, mas como fim objetivo, o qual, quaisquer que sejam os fins que nos proponhamos, deve constituir, na qualidade de lei, a condição suprema restritiva de todos os fins subjetivos. Ora, tal princípio deriva necessariamente da razão pura. É que o princípio de toda legislação prática reside *objetivamente na regra* e na forma da universalidade que (segundo o primeiro princípio) a torna capaz de ser uma lei (que, em rigor, se poderia denominar lei da natureza), e *subjetivamente* reside *no fim*. Mas o sujeito de todos os fins (de acordo com o segundo princípio) é todo ser racional, como fim em si mesmo: donde resulta o terceiro princípio prático da vontade como condição suprema de seu acordo com a razão prática universal, quer dizer, a ideia *da vontade de todo ser racional concebida como vontade legisladora universal.*

KANT, I., *Fundamentação da metafísica dos costumes.* Trad. Paulo Quintela. São Paulo: Abril Cultural, 1974, p. 231 (Coleção Os Pensadores).

EXERCITANDO A REFLEXÃO

1. Alguns exercícios para você compreender melhor o tema:

   1.1. Por que vivemos uma certa confusão ao falar de liberdade?
   1.2. Explique por que, segundo a concepção estoica, ser livre significa ligar a Natureza em nós à Natureza do mundo.
   1.3. Qual a novidade inaugurada pela concepção de liberdade de Montaigne, em contraposição ao pensamento estoico?
   1.4. A partir da leitura do capítulo 3, explique o que significa, para Sartre, dizer que a existência precede a essência.
   1.5. Em que sentido Sartre afirma que a liberdade é absoluta?

1.6. Qual a novidade de Merleau-Ponty, em contraposição a Descartes e Sartre, no que se refere à compreensão do corpo?

1.7. É possível dizer que, segundo Merleau-Ponty, nunca há determinismo absoluto nem liberdade absoluta? Justifique.

2. Praticando-se na análise de textos:

Você deve ter notado que o texto 1 é extraído de uma obra literária. Ele é um exemplo de como as questões filosóficas podem aparecer sob estilos literários diversos. Por sua vez, o texto 2 e o texto 3 são extraídos de obras consideradas tecnicamente filosóficas. Se quisermos, podemos analisá-los em correlação direta. Veja:

No trecho extraído de A náusea, *primeiro romance de Sartre, Antoine Roquentin, a personagem principal, encontra uma espécie de matriz, na forma da narrativa particular que aparece no texto des-*

crevendo a gênese da canção que o consola desde o início do romance. Essa matriz é que traduz o mal-estar de existir que ele vive como uma espécie de aventura, e é o assunto do romance. A experiência da náusea, que dá o título ao romance, é a experiência de que, para existir, para "sermos aí", não precisamos de fundamento, não temos causa. É a experiência de existir tão somente existindo. Isso, porém, não basta. O herói do romance precisa entender o motivo desse não fundamento. E o motivo está inscrito na forma da narrativa que ele imagina, um pouco antes de deixar a cidade do interior em que se refugiara para escrever um estudo sob uma personagem política secundária do século XIX. Qual o sentido, afinal, dessa narrativa? Temos um sujeito, mergulhado na massa inerte das coisas, compositor judeu vivendo como pode em Nova York, descrito em uma situação trivial e nada épica. Esse sujeito sem nenhum charme, entretanto, ultrapassa toda essa ordem de matérias que o cerca e quase o determina. Nessa "superação", ele se dá conta da natureza de seu ato, com ares de heroísmo (no fundo um heroísmo despretensioso): compor uma canção. O que a narrativa de como teria surgido aquela canção particular põe em evidência é a absoluta descontinuidade entre a situação do compositor e a canção. Não é sua situação que causa a canção, como se ele fosse reflexo de sua situação material. É ele que, inventando a canção, dá sentido àquela situação, quebra a "massa das coisas". Essa descontinuidade, essa negatividade que não se deixa contaminar pela inércia do mundo é a liberdade, tanto a experiência de não fundamento quanto a experiência de invenção de um fundamento. A liberdade, na forma daquela canção, é o heroísmo que tanto comove Antoine de Roquentin.

A distinção que Sartre explora no trecho de O ser e o nada *é o cerne do problema filosófico da liberdade. Ele pretende escapar da falsa alternativa entre o "obter" e o "desejo" tornando coincidentes o que "faço" e o que "sou": a liberdade é o poder de ser aquilo que você faz de você, isto é, nosso poder de fazer não é limitado pelo nosso ser (o que somos), mas põe o nosso ser no horizonte de nosso projeto (como "fazer"). O "autodeterminar-se" a que ele faz referência só é plenamente compreendido levando em conta que essa relação entre o ser e seu "fazer-ser", em função da estrutura originária da consciência que o funda, é uma relação de invenção e não de subordinação. Nessa assimetria originária, por um lado, minha permanente não coincidência comigo põe meu ser no possível, mas um possível que é simultaneamente real: poder ser o que não sou é que faz que eu seja o que sou. Não sou, sempre posso ser. Por outro lado, não posso fazer tudo, ainda que tudo que eu faça eu o faça absolutamente. Aí reside o sentido e o fundamento da liberdade.*

Diferentemente de Sartre, não interessa tanto para Merleau-Ponty, no trecho de Fenomenologia da percepção, *postular a liberdade absoluta, separar a ordem das coisas, mas entender como sou livre vivendo com igual presença ou força uma experiência de* não liberdade. *Não liberdade aqui significa que o fato de ter um corpo, de viver em certo tempo, em certo lugar, sob certas condições, faz que minha experiência da liberdade, segundo Merleau-Ponty, apareça mitigada, diminuída, sob suspeita até. Mas não reduzida a mero reflexo das "coisas". O que significa que, para Merleau-Ponty, a liberdade é a passagem "por dentro" do corpo à alma, da matéria ao sentido.*

3. Algumas problemáticas para você refletir a partir do estudo sobre a liberdade:

3.1. É possível falar de liberdade num contexto em que alguns cientistas afirmam que a vida humana é determinada por genes?

3.2. Podemos ser livres e ao mesmo tempo submissos a leis?

3.3. Podemos ser mais ou menos livres?

3.4. Podemos renunciar livremente à nossa liberdade?

DICAS DE VIAGEM

Para você continuar sua viagem pelo tema da liberdade, sugerimos que assista aos seguintes filmes, tendo em mente as reflexões que fizemos neste livro:

1. *Ilha das flores*, direção de Jorge Furtado, Brasil, 1989. Documentário em formato de curta-metragem, explora o sentido paradoxal de liberdade. A narrativa é construída por meio de uma superposição de definições, ligadas entre si de maneira aparentemente aleatória. Fruto de uma montagem excepcional e da exploração de uma linguagem cinematográfica original, o desenrolar da narrativa alcança o cúmulo do determinismo para perguntar se afinal somos livres.

2. *O demônio das onze horas* (*Pierrot le Fou*), direção de Jean-Luc Godard, França/Itália, 1965, clássico da *nouvelle vague* e do cinema mundial. Esse filme, misto de romance policial e musical, nos oferece uma vigorosa reflexão sobre a vida e o amor. Ferdinand abandona sua vida bem-comportada (e sua filha) para viver um amor-paixão com Mariane, misto de mulher fatal, militante de extrema esquerda e terrorista. O filme mostra delicadamente o que cada um vive ao acreditar – por amor, talvez – no que o outro vive. O amor passa repentinamente de vida a morte, de liberdade a servidão. E sem final feliz.

3. *Blade Runner* (*Blade Runner*), direção de Ridley Scott, EUA, 1982. Essa ficção científica produz uma das mais vigorosas alegorias da assimetria ou tensão entre liberdade e vida. Um grupo de androides, os replicantes, feitos sob medida pela indústria genética para as mais diversas atividades subalternas, foge da colônia de trabalho a que estavam confinados para tentar obter o segredo de suas vidas produzidas em série. Nesse ato de rebelião pretendem ser reconhecidos como homens e não como máquinas.

4. *O povo contra Larry Flynt* (*The People vs. Larry Flynt*), direção de Milos Forman, EUA, 1996. Sobre a liberdade de expressão. O filme se esmera em mostrar que o valor da liberdade de expressão transcende àquilo que se quer expressar, valendo igualmente para um manifesto político e para uma reputada revista pornográfica.

LEITURAS RECOMENDADAS

Sugerimos as seguintes leituras para o enriquecimento de sua reflexão sobre a liberdade:

DOSTOIÉVSKI, F. *Crime e castigo*. Trad. Paulo Bezerra. São Paulo: Editora 34, 2009.
Nessa obra, a mais célebre de Dostoiévski, o jovem estudante Raskólnikov, pobre e desesperado, perambula pelas ruas de São Petersburgo e comete um crime. Ele o justifica com base na teoria de que grandes homens, como César ou Napoleão, foram assassinos absolvidos pela História. A obra está repleta de personagens que lutam para manter-se dignos contra as várias formas de tirania.

INWOOD, Brad. *Os estoicos*. São Paulo: Odysseus, 2006.
Excelente introdução ao estudo do estoicismo. Uma das questões fundamentais tratadas na obra é justamente o tema da liberdade.

MERLEAU-PONTY, Maurice. *As aventuras da dialética*. Trad. Claudia Berliner. São Paulo: Martins Fontes, 2006.

Livro sui generis de Merleau-Ponty, mas que revela, por meio de um tratamento muito elaborado e sofisticado, um dos aspectos centrais da liberdade: a difícil e confusa relação entre liberdade e política, em um momento particularmente intenso da história do século XX.

MONTAIGNE, M. *Os ensaios*. Trad. Rosemary Costhek Abílio. São Paulo: Martins Fontes: 2001-2006, 3 vols.

Obra-prima e marco da tradição letrada ocidental. Essa obra, de um sabor único, realiza um esforço singular em pensar novas possibilidades teóricas e literárias. Inventa um modo de falar do mundo ao mesmo tempo que pretende descrever o que é essa experiência do mundo que nos define.

SARTRE, J.-P. *A náusea*. Trad. Rita Braga. Rio de Janeiro: Nova Fronteira, 2006.

Primeiro romance de Sartre, que ele considerará, mais tarde, o melhor de seus escritos, narra uma espécie de aventura metodológica e existencial do herói/anti-herói Antoine de Roquentin. Metodológica porque o seu problema objetivo – escrever a biografia de uma personagem política menor do século XIX – acaba por, paulatinamente, se confundir com o mal-estar de existir que lhe aparece sob a forma de náusea. Não sem razão, já se definiu o romance como uma meditação cartesiana sem

Deus e cuja descoberta essencial é a de que não há certeza (necessidade) na existência, apenas contingência.

SARTRE, J.-P. *O existencialismo é um humanismo.* Trad. Daniela Barbosa Henriques. Petrópolis: Vozes, 2010.

Excelente introdução à filosofia de Sartre. Se peca um pouco no tratamento de alguns temas sartrianos, é menos culpa do autor e mais efeito do desafio de apresentar com unidade um pensamento tão multifacetado como o de Sartre.